# NOTICE SUR LA VIE

DE MADEMOISELLE

# MATHILDE DE NÉDONCHEL

Première Zélatrice de la Garde d'honneur du Sacré-Cœur de Jésus,
en Belgique, et Congréganiste de la Sainte Vierge,

PIEUSEMENT DÉCÉDÉE A ROME,

LE 27 JUIN 1867,

## PAR UNE DE SES AMIES.

PARIS

P.-M. LAROCHE, LIBRAIRE-GÉRANT,
**Rue Bonaparte, 66.**

LEIPZIG

L. A. KITTLER, COMMISSIONNAIRE,
**Querstrasse, 34.**

# H. CASTERMAN

## TOURNAI.

# NOTICE SUR LA VIE

DE MADEMOISELLE

## MATHILDE DE NÉDONCHEL.

Mademoiselle Marie-Mathilde de Nédonchel, fille cadette de Monsieur le comte Georges de Nédonchel et de Madame la comtesse Marie de Choiseul, naquit à Paris, le 19 août 1842. Dans son enfance, elle se laissa dominer par son naturel vif et impétueux. Sa vertueuse mère voyait avec peine les défauts naissants de sa fille et ne négligeait rien pour en empêcher le développement. Mais Jésus se réservait d'opérer lui-même la conversion de cette jeune âme qui devait être toute à lui pour jamais.

A peine Mademoiselle de Nédonchel eut-elle atteint l'âge de raison, qu'on aperçut en elle la lutte de la grâce contre la nature : les élans de sa piété contrastaient singulièrement avec les saillies d'un caractère difficile à maîtriser. Bientôt une tendre dévotion à l'Ange Gardien prit naissance dans son jeune cœur, et dès lors, un changement subit s'opéra dans toute sa personne; elle commença cette série de combats qui ne se terminèrent qu'à sa mort et, avec l'aide continuel de son Ange Gardien, elle parvint en peu de temps à triompher de son naturel vif et bouillant. Pourtant ce n'était là encore que le prélude de cette vie si sainte et si pure. Jésus permit que l'Ange Gardien fût l'instrument de la conversion de cette âme privilégiée, à la sanctification de laquelle la Sainte Vierge sembla s'attacher spécialement.

La dévotion à la Mère de Dieu attira tout particulièrement Mademoiselle de Nédonchel, surtout à l'époque de sa première communion. Elle aimait à se nommer la petite servante de Marie et à porter les livrées de sa bien-aimée Mère. Plus tard, elle tint à faire partie d'une de ses congrégations, aux réunions de laquelle elle assistait ponctuellement.

Toujours craintive et désolée à la pensée des fautes de son enfance, Mathilde croyait que la Sainte Vierge seule pouvait lui obtenir le pardon de son divin Fils; aussi la chargea-t-elle de la préparer elle-même à recevoir pour la première fois la Sainte Communion, en mai 1854.

Jésus n'attendait que cette heure bénie pour se manifester tout entier à cette jeune âme. La première communion de Mathilde attacha pour jamais son cœur au Cœur du doux Maître dont elle découvrit aussitôt les charmes dans le Sacrement d'amour. Dès lors elle marcha rapidement dans la voie de la perfection. Elle ne changea pas de nature, mais sut si bien en dominer les révoltes intérieures, que les personnes qui ne la connaissaient pas intimement s'imaginaient que la plus angélique douceur lui était naturelle, et qu'elle était née douée de toutes les vertus. Il est regrettable qu'une excessive timidité empêcha Mademoiselle de Nédonchel, presque jusqu'à sa mort, de livrer son âme tout entière aux personnes qui l'approchaient ; néanmoins, un œil attentif devinait facilement le travail intérieur de la grâce qui transformait merveilleusement cette âme d'élite, et la faisait avancer, chaque jour, dans le sentier de la perfection.

En peu d'années, Mademoiselle de Nédonchel réunit en elle les plus éminentes vertus, parmi lesquelles on distinguait l'humilité, la pureté et la charité, qu'elle estimait tout particulièrement.

Mathilde de Nédonchel était humble. Elle avait de si bas sentiments d'elle-même, qu'elle se croyait et se disait la plus grande pécheresse du monde. Elle aimait à tenir la dernière place, à faire briller les autres pour rester dans l'oubli. Elle recherchait avidement les humiliations, prétendant être pétrie d'orgueil et suppliant qu'on l'abaissât toujours. Tout porte à croire que son excessive timidité provenait, en grande partie, de cette humilité qui lui faisait appréhender les moindres louanges, et même les plus légères marques d'approbation. Pourtant, Jésus ne voulut pas qu'elle demeurât complétement inconnue au monde; il permit que, malgré ses soins à cacher les faveurs singulières dont son âme était comblée, elle laissât percer, dans son extérieur, les vertus qu'elle pratiquait spécialement.

La pureté virginale de Mathilde se lisait trop dans son regard pour qu'il soit nécessaire d'insister sur cette vertu que jeune encore elle aimait tant. Son invincible attrait pour la dévotion aux Saints Anges ne provenait-il pas de ce qu'elle-même était, en quelque sorte, d'une nature angélique et semblait ne pas appartenir à la terre ? L'expression de son sourire était si candide, et son visage reflétait si bien l'inaltérable pureté de son âme, qu'il était impossible de l'approcher sans éprouver les plus profonds sentiments de respect pour sa vertu. Elle aimait à porter les vêtements les plus simples : sa toilette répondait à peine aux strictes exigences de sa position ; et, si parfois il fallait qu'elle se vêtît avec un peu plus d'élégance, elle écartait au moins tout ce qui pouvait attirer les regards ou gêner sa modestie.

Mais c'est surtout la charité qui dévorait son cœur virginal. Elle avait, dès sa première communion, donné à Jésus toutes ses affections, tout son amour. Sa conversation était toute céleste ; en dehors de Jésus, elle ne connaissait rien, ou plutôt ne voulait rien connaître, car elle résumait tout en Jésus. Les personnes chargées de son éducation éprouvèrent parfois certaine difficulté dans le choix des sujets pour ses exercices littéraires. Mathilde était trop timide pour dire elle-même qu'elle ne pouvait penser et écrire que pour glorifier son Dieu. Ses narrations étaient courtes et dépourvues d'intérêt ; on eût pu la croire moins douée d'intelligence qu'elle ne l'était réellement. Enfin, ses professeurs parvinrent à découvrir l'attrait de cette jeune âme. S'agissait-il d'écrire, ils lui donnaient comme sujet Jésus et son amour. Alors sa plume courait pour chanter les merveilles de son Bien-Aimé, son imagination se dévoilait tout entière; elle écrivait comme un ange, disait-on. Dieu a montré qu'elle l'était.

Mademoiselle de Nédonchel était une de ces vierges choisies dont Jésus veut posséder le cœur sans partage, et auxquelles il ne permet pas la moindre pensée, la moindre parole, le moindre regard qui ne soit pour lui seul. Elle a pratiqué les vertus chrétiennes d'une manière très-remarquable et souvent même comme les Saints seuls l'ont fait; mais la brièveté de ce récit ne permet pas de donner de longs détails sur cette vie si angélique, et qui mérita si bien cet éloge du Saint-Esprit : Dans son peu de durée, elle a rempli le cours d'une longue vie.

La Sainte Eucharistie faisait les délices de Mathilde de Nédonchel ; aussi, jeune encore, s'approchait-elle fréquemment de la Table sainte ; pourtant, son humilité était si grande qu'elle ne s'avançait jamais sans crainte pour prendre part au divin banquet dont les Anges seuls lui semblaient de dignes convives. Ses journées étaient ordinairement employées à la préparation et à l'action de grâces à la sainte communion ; mais, quand l'heure de l'auguste festin approchait, l'expression de son regard devenait plus angélique encore, et faisait deviner quelles délices ineffables cette jeune vierge goûtait en la possession de son Dieu.

Malade, l'obéissance seule pouvait l'empêcher de recevoir la Sainte Communion. Alors la Communion spirituelle suppléait à la Communion sacramentelle, et de tels élans d'amour s'échappaient de ce cœur tout entier à Jésus, que le Roi du ciel ne pouvait manquer de répondre à ses désirs ardents, en la dédommageant amplement des grâces qu'elle aurait reçues par la Communion sacramentelle. Il est donc vrai de dire que l'amour de Jésus-Eucharistie consumait Mademoiselle de Nédonchel. Priait-elle en présence du Saint-Sacrement exposé sur l'autel, bientôt des larmes abondantes inondaient son visage et elle avait toute la peine du monde à les cacher; son regard s'attachait si intimement sur Jésus, qu'elle semblait se fondre dans le ciboire et ne faire plus qu'un avec son Bien-Aimé. Elle aimait les Anges, et son amour pour ces Esprits célestes lui faisait regretter qu'ils n'eussent jamais eu le bonheur de recevoir la Sainte Communion. Enfin, elle comprenait la grandeur du sacrement de l'Eucharistie, autant qu'il est possible à l'homme de la comprendre.

Aussi, la pensée d'une communion sacri-
lége la faisait frémir, et elle eût volon-
tiers donné sa vie pour épargner cet
outrage à Jésus.

C'est ainsi que s'écoulaient les années
de Mathilde de Nédonchel. Elle vivait
ignorée du monde, connue des Anges
seuls !... Oui, connue des Anges ; car
sa dévotion aux Anges Gardiens se rap-
procha de celle de Sainte Françoise Ro-
maine et de Sainte Angèle de Foligno.
Elle conversait continuellement avec son
Ange Gardien, le chargeait de ses com-
missions auprès des personnes qu'elle
aimait, lui attribuait tout le bien de
son âme, et le regardait comme l'inspi-
rateur de ses bonnes actions. Dans la rue,
elle saluait les bons Anges des personnes
qu'elle rencontrait. Savait-elle un pécheur
en danger de mort, elle lui envoyait
son Ange Gardien pour lui inspirer de se

convertir. Ainsi, sa vie se passait en compagnie des Saints Anges, au milieu desquels elle se trouve aujourd'hui.

Enfin, Jésus voulut que sa fidèle servante quittât la vie cachée pour appeler les âmes à la dévotion à son adorable Cœur. La *Garde d'honneur du Sacré-Cœur de Jésus* venait d'être érigée canoniquement à Bourg. Mademoiselle de Nédonchel connut cette œuvre naissante, et s'occupa bientôt de la propager en France et en Belgique. Tournai fut surtout le foyer de son zèle. Elle y recruta, seule d'abord, un si grand nombre d'associés, qu'elle mérita et reçut le titre de *Première Zélatrice de la Garde d'honneur* pour toute la Belgique.

A peine eut-elle reçu ce titre, qu'elle en comprit toutes les obligations ; et dès lors elle chercha à surmonter sa timidité naturelle, pour vivre d'une vie de zèle et de dévouement au service du Sacré-Cœur. Elle organisa un conseil de zélatrices pour l'aider dans la propagation de cette œuvre et présida leurs réunions. C'est là que, sans le vouloir, elle fit connaître un peu de son immense amour envers le bien-aimé Jésus. Elle ne se laissa rebuter par aucune difficulté, ne recula devant aucune démarche, pour établir solidement, à Tournai, la Garde d'honneur du Sacré-Cœur. Elle réussit; et, en une année à peine, avec l'aide de ses sous-zélatrices, elle enrôla près de huit mille associés en Belgique. Tandis qu'elle se plaisait à étendre chaque jour la dévotion au Cœur adorable de Jésus, elle attirait tout particulièrement les regards du doux Maître, qui achevait de perfectionner cette âme que bientôt il devait ravir à la terre.

Mathilde de Nédonchel parvint, pendant la dernière année de sa vie, à un complet détachement. Elle voyait en toute chose la sainte volonté de Dieu, et semblait avoir anéanti la sienne propre. Elle eut la rougeole à Paris, six semaines avant sa mort, et cette indisposition au lieu de relâcher son union avec Dieu, ne fit que que la rendre plus étroite. La plus cruelle de ses souffrances, fut la privation de la Sainte Communion à laquelle la maladie la condamnait ; pourtant, elle fit généreusement le sacrifice de cette immense consolation, et Jésus montra par la suite combien cette résignation lui avait été agréable.

Monsieur le comte de Nédonchel méditait de partir pour Rome, afin d'y assister aux belles fêtes du dix-huit centième anniversaire de la mort de Saint Pierre : attaché à la cour pontificale, son titre de Camérier secret *di spada e cappa* l'y appelait ; il proposa à sa fille de l'accompagner. Mathilde accepta avec la plus grande joie cette proposition qui comblait les désirs de son cœur, désirs qu'elle n'aurait jamais voulu manifester la première. Elle partit pour Rome, le 13 juin 1867, laissant à Tournai sa mère bien-aimée qu'elle ne devait plus revoir. Le père et la fille firent un voyage des plus heureux. Les Saints Anges les protégeaient, comme Mademoiselle de Nédonchel l'écrivit plusieurs fois à la Comtesse, sa mère, en lui donnant des détails de protection singulière obtenue par l'invocation des Anges Gardiens. Arrivée à Rome, Mathilde put assister à la magnifique procession du Corpus Domini. Quand elle vit la Sainte Hostie portée par le vénéré pontife, Pie IX, elle prononça un de ces mots heureux qui lui étaient si familiers en parlant de Jésus. *Voici*, dit-elle, *la plus grande Majesté de la terre réunie à la plus grande Majesté du ciel.* Puis, plus tard, frappée de l'air de sainteté et d'union à Dieu du bien-aimé Pontife, elle disait : *Le Saint-Sacrement et le Saint Père, semblaient ne faire qu'un.* Il paraît, selon le témoignage d'une de ses amies, à laquelle Mathilde l'aurait confié à Rome, qu'elle s'offrit alors comme victime pour le salut du bien-aimé pontife, Pie IX. Sans doute, cette virginale offrande parut au divin Maître digne de son adorable Cœur, car, peu de jours après son arrivée à Rome, Mathilde fut atteinte de la maladie qui l'emporta. Quoiqu'on ne vît pas d'abord un grand danger dans cette indisposition, elle voulut cependant se confesser, et le père Michel, de la Compagnie de Jésus, qui eut le bonheur de recevoir les dernières confidences de cette âme d'élite, ne put s'empêcher de dire au Comte, son père, en la quittant : « Ce n'est pas tant la maladie de Mademoiselle votre fille que je crains pour vous, que les dispositions admirables dans lesquelles elle se trouve, dispositions qui prouvent que cette âme est mûre pour le ciel : Dieu semble l'appeler à lui. » En effet, la nuit qui suivit sa confession, Mathilde se trouva beaucoup plus mal. On joignit un second médecin au premier. Ils revinrent trois fois, dans la journée du 26; l'agitation était extrême, mais l'âme restait toujours calme, comme si elle eût attendu avec joie la mort. La malade eut quelques heures d'un sommeil paisible, pendant la nuit qui suivit. Toutefois son état s'aggravait de moment en moment, et bientôt Monsieur le comte de Nédon-chel reconnut qu'il n'y avait plus d'espoir de sauver sa fille, et que sa fin ne pouvait tarder. Il courut, dès cinq heures du matin, à l'église la plus proche pour qu'on apportât la Sainte Communion; en père chrétien, il voulait que sa fille fût nourrie du Pain des forts pour entrer librement dans l'éternité. Le prêtre et le médecin arrivèrent presqu'ensemble, et ce dernier déclara son impuissance, en présence des progrès de la maladie. La jeune malade était sans parole et dans un état d'affaissement complet; l'on put craindre un instant qu'elle serait privée de l'immense faveur de recevoir son Dieu. Son père s'approcha d'elle, et lui dit : *Mathilde, voici ton Dieu qui vient*. A ces mots, elle sembla se ranimer et se tourna vers le prêtre ; sa femme de chambre lui fit respirer de l'eau de Cologne, et son vertueux père répéta, pour la seconde fois: *Ma fille, voici ton Dieu qui vient; ouvre la bouche pour le recevoir*. Défaillante, presque sans vie, elle entr'ouvrit les lèvres et le prêtre lui mit une parcelle de la Sainte Hostie dans la bouche. La visite de son Dieu sembla la fortifier ; elle présenta elle-même ses membres pour recevoir les saintes onctions que lui fit le curé de la paroisse, vénérable religieux de l'Ordre de Saint Jérôme-Emilien ; puis il récita avec le confesseur les prières des agonisants.

Pendant ce temps, la vie s'éteignait peu à peu en celle que son Créateur rappelait à lui ; son âme se dégageait, sans efforts, des liens qui la retenaient captive, et prenait son vol vers Dieu.

C'est ainsi que mourut cette vierge de Jésus dans l'action de grâces après la sainte communion. Son père avait couru au Vatican pour demander la bénédiction du Saint Père ; il revint pour recevoir le dernier soupir de sa fille.

Bénie par Pie IX, Jésus reposant sur son cœur, cette jeune vierge fut emportée par les Anges, auprès du trône de Dieu pour y commencer à vivre de la seule vie digne d'une aussi belle âme. Oui, la mort aura été pour elle le commencement de la vie, et tous ceux qui l'ont connue sont unanimes à dire : « Louons Dieu ! elle est au ciel. »

Quelques instants après sa mort, le visage de Mathilde, contracté par la souffrance, reprit de légères couleurs ; ses lèvres redevinrent souriantes et vermeilles, tellement que l'aspect de ce corps sans vie n'inspirait pas la douleur, mais témoignait de sa nature angélique.

La consternation fut grande parmi les amis et les connaissances de la famille de Nédonchel, quand la nouvelle de cette mort, si inattendue, se répandit dans la ville sainte ; mais bientôt, la vertu de Mademoiselle de Nédonchel devint un sujet de pieuses consolations, et là, comme partout où Mathilde avait été connue, on dit : « Jésus la voulait au ciel pour célébrer la fête de son adorable Cœur. »

En effet, Mademoiselle de Nédonchel mourut, le 27 juin 1867, à neuf heures vingt-cinq minutes du matin, la veille de la fête du Sacré-Cœur de Jésus et le dernier jour de l'octave du Saint-Sacrement. Il n'avait fallu que quatre jours à cette âme pour se dégager entièrement des liens qui l'attachaient à la terre.

Cette triste nouvelle parvint à Tournai, le jour de la fête du Sacré-Cœur. La vertueuse mère de l'angélique enfant la reçut avec toute la résignation d'une mère chrétienne, et prononça avec courage le *Fiat* qui brisait son bonheur.

La fête du Sacré-Cœur de Jésus est la fête principale de l'Association de la Garde d'honneur ; au salut solennel qui était célébré ce jour-là en l'église des Dames Réparatrices, à Tournai, Monseigneur Ponceau, vicaire-général et directeur de la Garde d'honneur, prit la parole pour faire l'éloge de la défunte et non pour la recommander aux prières des associés. Bien des larmes ont coulé à l'annonce de ce triste événement, quoique tous considérassent cette belle mort comme le digne couronnement d'une aussi belle vie. Il fallait une semblable fin pour dévoiler au monde les vertus ignorées de Mathilde de Nédonchel. Ainsi Dieu se plaît à glorifier ses servantes, pour que leur vie serve de modèle à d'autres âmes qu'il appelle à la même perfection.

Mademoiselle de Nédonchel nous laisse un modèle accompli de la vierge chrétienne dans le monde. On ne peut douter qu'elle conserva intacte la robe d'innocence qu'elle avait reçue au baptême et dans laquelle on l'ensevelit. Toutes les personnes qui l'ont connue, attestent que ce qu'elles remarquaient davantage en elle, était son expression angélique. Aussi ne l'appellent-elles pas la sainte, mais bien, « l'Ange de Jésus !.... » Oui, Mathilde de Nédonchel était un ange sur la terre, et voilà pourquoi Dieu l'a appelée si tôt à lui. Bienheureuse la mère qui a donné le jour à une telle fille! heureux les parents qui ont formé une telle âme pour le ciel!... Jésus l'a laissée en ce monde juste le temps nécessaire pour qu'elle parvînt à une haute perfection; et, quand il a trouvé sa servante digne de la récompense éternelle, il lui a permis de prendre son vol vers l'éternité : « Viens, lui a-t-il dit ; viens, Mathilde, ma fille, mon épouse bien-aimée; ton trône est préparé entre les Vierges et les Anges; viens, pour que je couronne ton front des lis de la virginité et des roses de l'amour, et que je passe à ton doigt l'anneau des fiançailles éternelles. »

Attirée par cet appel de Jésus, aidée par

Marie, sa Mère, fortifiée par son Ange Gardien, Mathilde de Nédonchel mourut, sans agonie, par un simple effort d'amour, et les Anges lui ouvrirent les portes du ciel.

Nous qui l'avons connue, nous n'en pouvons douter, elle doit être là haut, cette chaste et pure vierge, pour jamais, avec son Jésus, savourant les délices d'une communion perpétuelle, et toute inondée de cette joie qui n'aura plus pour elle ni mélange ni fin!

Tel est le récit bien abrégé des principales vertus qui brillèrent dans l'âme de Mathilde de Nédonchel. Plus tard, peut-être, Dieu permettra que les détails intimes et tout mystiques de cette courte existence soient livrés au public; mais, quoi qu'il arrive, le souvenir de cette jeune fille âgée de vingt-quatre ans demeurera dans toutes les mémoires comme celui du type bien pur de la vierge chrétienne, innocente, humble et brûlante d'amour pour Jésus.

Le corps de Mademoiselle de Nédonchel repose à Rome, dans l'église de Sainte-Marie in Aquiro, au pied même de l'autel du Sacré-Cœur de Jésus, où réside nuit et jour le divin Sauveur, Lui, qui faisait ici-bas les délices de celle qui le bénit maintenant, et le bénira pendant toute l'éternité. Sur un marbre blanc, on lit cette simple inscription :

MATHILDIS-MARIA-JOSEPH EX COMITIBUS
DE NEDONCHEL-CHOISEUL, IN PACE.


FIN.